다른 요일, 지나갔다

시산맥 시혼시인선 041

제4회 시산맥 창작지원금 공모당선시집

다른 요일, 지나갔다

시산맥 시혼 041

초판 1쇄 인쇄 | 2024년 05월 14일
초판 1쇄 발행 | 2024년 05월 20일

지은이 정하해
펴낸이 문정영
펴낸곳 시산맥사
편집주간 김필영
편집위원 신정민 최연수
등록번호 제300-2013-12호
등록일자 2009년 4월 15일
주소 03131 서울특별시 종로구 율곡로 6길 36. 월드오피스텔 1102호
전화 02-764-8722, 010-8894-8722
전자우편 poemmtss@naver.com
시산맥카페 http://cafe.daum.net/poemmtss

ISBN 979-11-6243-470-3 03810 (종이책)
ISBN 979-11-6243-471-0 05810 (전자책)

값 12,000원

* 이 책은 전부 또는 일부 내용을 재사용하려면 반드시 저작권자와 시산맥사의 동의를 받아야 합니다.
* 이 책은 교보문고와 연계하여 전자북으로 발간되었습니다.
* 본문 페이지에서 한 연이 첫 번째 행에서 시작될 때에는 〈 표기를 합니다.
* 저자의 의도에 따라 작품의 보조 동사와 합성 명사는 띄어쓰기가 달라질 수 있습니다.

다른 요일, 지나갔다

정하해 시집

| 시인의 말 |

시라는 좌판에 나를 올려두었다
좌판의 나를 우두커니
들여다보는 일
한 쪽을 보면 다른 한 쪽이 사라지는
시의 밥도
시의 몸종도
아무것도 아니었다
그러나
손수라는 말처럼 우리는 그렇게 서로
다듬어 줬다

2024년 5월
정하해

■ 차례

1부

하구河口	18
이별 협곡	20
미니사과	22
참깨밭을 지나다	23
봄, 봄	24
물고기 종족	25
새가 날아가는 동안	26
당신, 오른쪽의 근황	28
돼지국밥집 목련	30
여전한지	32
날개	34
후포 기행	36
수선화 정원	38
말 달리자	40
기기암 귀룽나무 꽃	42
낙관	43

2부

아버지라는 탑   46
튜브 이글루   48
바리케이드   50
태양의 사제들   51
통도사 홍매   52
보리쌀 한 되   53
경주남산에서 선재동자를 만나   54
선택   55
당신이 등을 말리는 시간   56
금산사   57
개기월식 2   58
복숭아를 깨물며   60

3부

어디서 매화가 오시는지	64
국수	65
지금은 받을 수 없으니	66
칸의 후예들	67
잿빛과 잿빛 사이	68
편두통	69
흰색에 대하여	70
부추꽃 안쪽이 흔들린다	72
통영이 통영을	73
미조항	74
장사도	76
공복	77
팔공산	78
모시나비	79

4부

뱅밀리아 사원	82
보리우체국	84
천수만에서 일박	86
벚꽃니	87
감포, 늘 그랬습니다	88
위문과 위로의 통로	90
해당화라서	92
북촌리 비문	93
부다페스트	94
일몰	96
백중일百中日	97
대설大雪 목록	98
다른 요일, 지나갔다	100
포구 나무 아래서	101

■ 해설 | 박수빈(시인, 문학평론가)　　103

1부

하구 河口

새의 목덜미가
한 울음 쏟아낸 후였거나 사라진 발목을 애도하였거나
야위었습니다

분분 타전하는 모래로 하여 각이 생기는 건
본능은 아니라고

모래가 모래를 허물며

하구河口의 최초를 생각합니다
아득해져도
상관은 없겠습니다

새발자국이 삐뚤삐뚤
종종걸음쳤을 그 발가락, 주물러주고 싶은 아침

에둘러 흘러온 것들도 이제 느릿느릿
밝은 곡선입니다
이곳은 잠시 잠깐 몸을 내리는 정박장이었을까요

〈
모든 정면은 너그러웠고
물살의 허리는 어제와 다르지 않아 보입니다

모든 숨들이 여러 장면 닮았습니다만

제 몸을 눌렀다 폈다
이제 바다로 나가기 위한 연습이겠지요
우리가 여기서 이별한 시간은

그냥 두겠습니다

이별 협곡

먼저 지하철을 내리던 사람이 손을 흔들었습니다
옆자리 앉았다 헤어지는 참 공손한
작별입니다
헤어짐은 저렇듯 가지런해서,

꽃들이 흔한 철에는 종종 먼 곳을 다녀오기도 하겠지요

흔한 꽃을 거닐자고, 생각 없는 그를 만나
벚꽃 터지는 창밖을 무한반복으로 내다보며
할 말보다는
분홍 쪽으로
어룽거리기만 했습니다

어스름이 되어서야
횡단보도를 건너는데 건너편에서
하염없이 손 흔드는, 저 삭정이 노구가
벚꽃잎과 섞여
색다른 꽃잎만 같았습니다

휘날리듯 서 있는 한 사람 그림자가
이리 깊은 줄,

떨어지는 꽃잎 또한 협곡처럼
깊어지고 있었습니다

미니사과

주문한 사과가 왔다
작아도 너무 작은 것이 두 바가지쯤 하다
얼굴이 반반 색으로 푸른 쪽이 더 넓기도 하고
요모조모 뜯어봐도 이것은 분명
사과의 시조 같기만 해서
꿰어 목걸이를 해도 되겠다
코르셋이 생각난다
아니면 전족한 여인이라던가
사과를 사과처럼 보이지 않게
누가 움켜쥐었다 슬쩍 놓아버린 것
칼을 대자마자 심장에 가 닿는다
분노도 슬픔도 나타낼 몸이 비좁은
그들만의 생물에
딱 고만큼의 햇살만 먹어 치우도록 목젖이 없다
살을 한 입 물었다
사과의 단물이
똥그랗게 구른다

참깨밭을 지나다

어쩌다 참깨밭입니다
최초의 더위처럼 잡풀이 혼란스러운 한복판
참깨꽃 오지게 피는 중입니다
몸살 같은 꽃들이
참 얌전한 발악입니다
딱 두 마디 참, 깨
하는 발음이 저절로 미소가 되네요
염천이 깨꽃을 피우는 그맘때
당신은 유달리 참깨를 많이 심었습니다
찐득한 조청에다 생 깨를 넣어
겨울이면 우리를 먹이던
말하자면, 내가 삐쩍 마른 때문이라는 거
저것에 얼마나 땀을 희사했을까요
땡볕도 깨꽃도 자글자글합니다
꽃이 수척해지는 한낮,
한 전망이었던 깨꽃에 걸려
없는, 당신과 독대하는
시간이 지고 있습니다

봄, 봄

바람이 동석을 청합니다
그도 혼자인 듯 한쪽으로만 모입니다
계절 안쪽은 숨이었을까요
그믐이 살았던 집이었을까요
당신의 몸이 발현하는데 있어
산수유나무에서 숨이 흘러내립니다
겨울잠을 끝낸 흙들이 땅을 재고
당신은 얼굴부터 달리고 있어
내내 초벌입니다
일원이 되는 건 쉽지 않지만
머무는 잠시, 참 서로가 엮이는 중이겠습니다
꽃들을 제자리에 꽂아 넣는 일로도
하늘은 덜컹거리고 새들은
그제야 돌아옵니다
당신은 짧은 팔을 거느리고 숨을 건너오지만
나는 눈썹이 닮은 사람을
그리다 동백꽃 지는 소리를 듣고야 맙니다

물고기 종족

사람의 아가미 넓이를 잴 수는 있는지 모르겠다
갈퀴손은 이미 퇴화하여 버린 지 오래
심해 몇억 년을 기억해 보라는데
심해성전은 기억에 없고
물혹처럼 솟아오른 섬들을 쪼개면
사람의 이빨과 숨이 저장되었을지도 몰라
부레를 이용해 자궁에서 뜨는 태아들은 알았겠다
물에서 뭍으로 환생하는 그 기간이
생의 대장정이었음을
물의 동산에도 올리브나무는 자라
부레와 부레가 만나
물갈퀴들을 세공할 동안
서로 둥근 아가미를 들추며
맞추어도 보았겠다
헤엄을 치지 않아도 환장하게 잘 살아지는
지상의 거대한 어항 속에는
분노며 슬픔이 생물처럼 자라
같이 밥을 먹고 같이 잠을 자고

새가 날아가는 동안

아이는 잉태되고 우리들의 엄마는
녹슬어 이름이 없다

별들의 사나운 기운을 너는 풍경이라
점치고 자전을

통과하는 눈매는 멀리서 오고 간다
새가 물고 갔으려니 한, 사람의 해안가를

저물도록 돌다가
눈알 속으로 녹슨 어미를 다시 주워 담는

새가 날아가는 동안
아이들은 목덜미마다 어미가 새겨진 채 자랐다
찢어진 장미가

동안만, 화폭처럼 아름다웠다
절절했던 것들은
〈

북쪽에 머물러

어미를 끌고 가는 저 무례한 날갯짓이 얼마나
슬픈 색인지

새가 날아가는 동안

당신, 오른쪽의 근황

몸이 가렵다

풀도 가려운지
아이처럼 뛰어다닌다

이마를 차올리는 흙의 진동, 풀들의 발굽 소리가 난다
빗장을 여는 해가

무지막지 북방을 넘어올 때

약속도 없이
모두 솟대 같은 신전 하나씩
쥐고
그렇게 건너오는 색이

푸른 서사를 짊어지고 오는 것처럼 밝다

해의 사랑니 같은 적막, 몇만 평을
가라앉히는

북방의 아침은
풀들을 신전에 눕혀 하루라는 문신을
당신처럼 새긴다

돼지국밥집 목련

허름한 담을 딛고 올차게 다가오던 당신이라는 무렵
할머니가 끓여내는 동태탕을 먹으면서
그 집 담벼락 위로 좌정한 당신을 보는 게 좋았다
마당 절반이 객석이었다

해마다 당신을 데리고 오는 것이 전부인 것처럼
할머니 또한 손맛을 먹이는 일이 전부인 것처럼

그렇게 한 동네를 나고 있었다
그녀가 집을 나서자
간판이 바뀌고 분위기가 시끄럽다

새로 온 주인은 푸성귀,
아무 일거리도 없던 푸성귀가 처음으로
돼지국밥, 간판을 달고

당신을 참수하는 일

봄은 없애버렸다

〈
당신이 잠시 앉았던 자리 주차장이 되었고

국밥에 집중하는 사람들을 위해
돼지를 삶고
이빨을 질겅거리는
당연한 일이,

나는 뿌리의 행방이 갈라진 곳을
꾹 밟아도 봤다

여전한지

높은 것들은 소리가 없다

정선을 돌아 한계령을 지나 수많은 거처를 버리고서야
산이 산을 껴입는
어쩌면 수행

닳아 있는 왼쪽을 보며
계절로 가는 모든 길목에는 한 수행의 이름이 있다

이별이 한 이별을 포개는

시절은 태산일까
이끼일까 바위들은 언제 내려오는지

어둠에 갇힌 한계령을 넘어 다시 정선으로
동강의 그녀
안개로 하여 반쯤만 볼 수 있었던
그러니까

동강 전부를 앞치마에 담던 그녀가
여전한지

날개

팔이 아프다

인대가 늘어난 거라고, 안경알 너머의 의사는 무심하게
말한다, 팔로 하는 쓰임을 줄이라는데
어떤 무게도
소스라치게 하는

고래심줄을 원했던 적은 없었지만
인대의 연혁을 따지는
의사는 아무렇지 않다는 듯
원인을 나열하지만

욱신거리는 건
겨드랑이 안쪽이 닫혔기 때문일 것이다

나비의 시간처럼
그의 날개 조금 얻어다 심는 일은, 안아볼
사랑이 있기 때문이다

〈
욱신거리는 잠을 위하여
날자, 날아,
성스러운 저 하늘 띠를 따라

오래 동안 꺼져있는 너라는 팔

후포 기행

그렇게 다물렸다 먼저 일어나는 마을이
바다를 또 입는다
늙은 모텔에서는
낙서 같은 얼굴이 쏟아져 나오고

새벽 해당화는 사람이 없는 곳까지만, 피었다 가겠다 한다

다 뼈저린 것들뿐 아니라
저희끼리는
물의 아비고 어미였고 몸통이었다
사람들은 해당화를 제집처럼 드나들다

저녁이면 돌아와 선잠을 잔다

내내 비명을 들었다
패대기친 기억도 상처 난 소리도 다 전생일 뿐

개떼처럼 달려오는 묵은 애인들은

덕장의 오징어처럼
휘어지기도 하는 마른 몸짓과 같아서

수선화 정원

　입원할 일이 생겼다. 수술을 마치고 마취에서 깨어났을 때 마주친 사람은 벽에 걸린 성모마리아, 그냥 내려 보는 듯 무심한 표정이었지만 어색하고 아프고 그랬다. 사실 석가 쪽인 나는 말할 수 없는 곤혹이어서. 카톨릭 수녀회에서 운영하는 병원.

　하지만 기도가 저절로 나오더라, 그녀가 행하는 일과 축성을 섬기는 그 일로 돌아볼지도, 몰라서 입원실에 있는 동안은 빌었다. 머나먼 부처님을 부르는 게 아니라 그녀에게 온몸 떼쓰고 싶었다.

　성호와 합장 사이 내가 살아남으려 버둥거렸던 거다. 그녀를 무조건 사랑하는 동의는 없었지만. 일 년에 한 번씩 정기점검을 가는 날, 삼 층 복도 끝 성당에 가

　가냘프게 타고 있는 촛불 앞에 나를 세우고 인사를 한다
　뭐 할 말이야 별로 없지만

그래도 주저리주저리 그간의 안부를 하다보면 수액처럼 밀려오는

그 아팠던 데가 여진처럼 왔다간다

말 달리자

새벽부터 장대비, 천둥이다
창문도 서로를 움켜쥔

저 경주마 같은 빗줄기

흰 갈기의 방향을 생각한다

나무도 산도 다 부러뜨려놓는, 비의 얼굴이 희다

말들의 질주

새들은 어디 엎드렸는가

우리들은 모두 옥수수밭으로 가 비가 되자

동쪽을 물고 온 저
이빨들 좀 봐

말이 달리고 우리가 달리고 춤인 것 같기도 하고

비명 같기도 해

짐승 한 마리 저리 날뛰는
거친 이유가
산을 울게 하고 있다

기기암 귀룽나무 꽃

씻어놓은 눈알 같다는 생각도 처음이다

꽃이 활짝 열린 목젖으로 합창하듯

봄날 막바지가 곱다

그리하여, 흰색은 너무 큰 울음 같아

귀룽나무꽃 피는 때 왔다는 게 숨 막히게 한다

몇 년을 별러도 볼 수 없었던 저 작설차 같은 몸짓들

사각거리는 소리가 꽃의 쇄골끼리 부딪치는지

이슬이 떨어지는 느낌이다

꽃의 지문을 곳곳에 새겨 넣은 기기암에서

층층한 법문

휘어진 길이 펴졌다

낙관

한 사람의 고요가
염전 위로 쓰러져 눕는다
바다를 물고 멀리 날아가는, 새를 바라보며
오래 삭혀진 서쪽이 가을이다
저 거대한 울력을
천산에 묻어 놓고
가을은 꽉 다문 채 말없이 왔지만
염부들의 뒷모습은
예불을 끝낸 듯 경건하다
곰소만 전부를 초대한
저기,
나는 여기까지였다

2부

아버지라는 탑

운제산을 보러 갔으나 산은 없고
못물만 가득하더라
못에 들어가 참선 중인 산을, 물고기들이 받들고 있더라

몇천 년 업을 닦아도 내세로 돌아올 수 없는
물고기들을 생각하다
도대체 부처는 왜 아직 일어서질 못하는지 궁금해졌다

사람과 물고기 차이를,
발라버리면 뼈만 남는 것들뿐인데

아버지는 오어사 대웅전을 배경으로
사진을 남겼다
흰 두루마기 차림의 사내가 이승에 한 점씩 찍어놓은
자식들 때문에,
자꾸 죽어 나가는 자식들을
찾으러 부처 집에 온 것이리라
잃은 것들, 물고기 같아 들여다보았으리라

〈
내가 살아남으니 알겠더라
직업 중에 아버지라는 업이 얼마나 큰 죄목이었는지

모르긴 해도 부처도 남자
원효도 남자
생의 경고를, 알아도 이승에 온 것이리라

한 사내가 타들어 갈 듯 불을 때는데

사람을 벗는 수행인지

튜브 이글루

별이 쏟아지는 저녁은 살벌했다 이전의 관계들은
짓무르고, 너는 차오르기를 반복한다

바람은 어떻게 너에게 전부를 맡기는지
휘청거리며 우는
어쩌면 부풀어 오르는 것은 허파가 아닌 꽃인 것처럼

어둠이 누르는 광장으로 달려 나가
생이 모객이라는 걸 알았을 때 책무는 분주했다

또 어쩌면 저녁,
하나둘 이글루 밖으로 전등불을 걸어놓고
별을 안쳐 밥을 하고
먼 데 안부를 적는 지극히 평범한

이 저녁, 된장국은 끓어
사사로운 이름으로 가끔 부풀고 싶을 때가 있는지

언제나 바람의 수하였고

문지기였던 것처럼

한 줄기 오로라를 꿈꾸는 불안의 끄트머리를
이 광장 누군가는
견디고 있는지

사내가 넣었던 바람을 뺀다
목덜미로
묵념을 하듯
끔찍하게 빠져버린 사내의 몸통도 착착 접혀진다

바리케이드

책상과 의자들이 분해된 채 길에 나앉았다. 누군가의 손을 떠난 이별이 땅을 구르고 있다. 함부로 뜯긴 생살이 적나라하게 해체된 주인은 얼마나 주저했을까. 그의 통증이 사물 사이사이 감지되는 무더기 앞을 아무 일 아닌 듯 사람 지나간다. 말짱한 게 하나도 없도록 뜯어 펼치는 것은 생이별이 힘들기 때문일 것이다. 버스가 지나가고 해가 지나가고, 어둠을 끌어 덮는 저 상처에는 별이 또. 들여다볼 테지만, 숨이 끊어진 것들은 아무것도 담으려 하지 않겠다. 부러진 발목이 은행나무 아래 앉았다. 창대한 허파를 지키는 건 돌아온 명세서와 지불하지 못한 계약서들이 재활용할 것에 끼여 동색으로 나대고 있다. 한때 절절했던 사랑을 파쇄해 버린, 행성의 저 일이 얼마나 악을 쓰는지, 은행나무 열매가 오진 무렵.

태양의 사제들

눈발 속에 누가 수박을 보내, 저걸 조공이라 했습니다
새삼 이상할 건 없지만
단 것은 서로 낯빛이 같아서

하우스 속에는 급조된 시간이
얼마나 숨 가빴을까요

수박을 짜갭니다
인공의 해가 몇 달을 노역한 덩어리

살을 파먹는 행위는
어쩌면 벌레들처럼 똑같아서 말입니다
씨앗이 저리 검은 건 비밀의 조약이 있기 때문일까요

땅은 얼어 죽었는데 말이죠
이 작은 씨앗이 태양을 업고 다녔을지
의문은 버리기로 합니다

또한 태양을 쏜살같이 달리는 저 사제들의
수레바퀴에 대해

곰곰 생각해 보는 목젖이 아주 붉습니다

통도사 홍매

눈발이 절 마당을 종일 설치고 다니는 뜻은
필시 화엄을 찾아다니는 것이리라
영축산에서 온, 눈발은 금강계단 아래서 법회를 하고
법문 사이로 동자승 하나둘,
숨 막히게 곱다
탁발 나온
민머리 시님들
쪼그마한 저 몸으로 퍼트리는 아우라가 왕생법문,
나를 씻는 자리
이만한 데가
어디 또 있으랴

보리쌀 한 되

  코로나를 치르는 사나운 시간에도 꽃은 오고 소문도 여전히 오고 간다. 적거에서 오래전 방영되었던 드라마를 보는데, 시골농촌 풍경이다. 가을 추수를 하고, 또 이듬해 보리를 심고, 농촌은 한 번도 조용할 날이 없는 저기, 내 고향처럼 닮았다. 아버지는 논밭을 다 팔고 서울로 아들 따라갔었지만, 쟁기날 같은 구절양장이 사무쳐 그쪽으로 많이 쳐다봤을 것이다. 어쩌다 아버지를 만나러 서울에 가면 다른 것 사 오지 말고 보리쌀 두어 되만 사서 부치라던 그 말, 쌀밥 천지일 텐데 뭐 할라고, 입안에 자갈돌처럼 굴러다니던 보리밥을 어째서 좋아하는지 그때는 몰랐다. 보리쌀이 고향이고, 피붙이 같던 산천이라는 걸, 대답은 뭣같이 해놓고 그 헐해 빠진 것 못 사드리고 아버지를 묻었다.

경주남산에서 선재동자를 만나

시큰한 쪽은 오래도록 눌러놓은
부처의 무릎일 것이다

땅찔레가 적는
경전이 석불에 닿기까지
산은 움직이지 않아야겠다

안개를 입은 경주남산의 저 부처
하나둘
입었던 돌을 벗는다

어떤 사유가 저토록 장면마다 엄정한지

돌이 돌을 벗는 소리

선택

나무의자를 보면 그러니까 갈빗대를 눕혀놓은 것과
같아서 앉기가 그렇다

어느 정글에서 엎어지고 자빠지며 걸어왔을
저것은 상처에도 격이 다른 각도다

잘 짜 맞춘 상처 위로 달이 오래도록 칠하다 간 이유는

나무냄새, 그 희미한 것이나마 가두는 일일 것이다

목불상으로 앉았다면 세상의 머리들
조아렸을 텐데, 짜개진 등이 어쩌면 공덕을 짓는 중
이겠다

이슬 쪽으로 천천히 빠져나가는 혼이
맴도는지 따뜻하다

당신이 등을 말리는 시간

몸을 닫아거는 저 문이 참
오래 뻑뻑하다
벚꽃과 개나리 사이 목련이 지고 있다
닮지 않았으나 그냥
분홍이라 불러도 좋으리
습한 눈매 속으로 설핏 다녀가는
오후가 체한 듯 기진맥진 노랑으로 변해간다
지천인 것들과 손을 놓아야 하는 시간이
손바닥과 손가락을 맴돈다
겨자씨만 한 몸이 가고 있다
중환자실에서 목련을 빌려 입은 당신
날개를 말리고
혜안을 말리고
이도 저도 건너가야 할 그곳은 첩첩 오리무중이라 했던가
등을 애써 말리는 당신
삼월 말을 지불하고 눈매에 든 벚꽃을 털어내는데
또 며칠 써버렸다

금산사

너를 찾으러 천 리를 오니 눈물이 난다
영영 그런 날이 오지 않을까 봐

구척장신인 미륵존불 앞에서
절 하나에 너를, 절 두 번에 또 너를

우리가 헤어진 것도 없으니 달리 찾을 방법도 없지만

법당 앞을 지키는
꽃무릇들과

오 층 석탑에 올라서니 해가 기울고 있다
용화세계였다

개기월식 2

낭떠러지다

봄이, 찢어져 동강 나고 있다
아무렇게 나뒹구는 꽃의 날개들. 잡아줄 손도 없다

하얗게 쓰러져 간 이들의 이마가 패여, 눈물이 범벅인 거기

이천이십 년의 봄이 얼굴을 가린 채
소복소복 울며 서 있다

보이지 않는 가시에
행성은 긁히어 피가 난다

바이러스가 휩쓸고 간
봄의 잔등
낭떠러지로 떨어지지 않기 위해

너를 외면하고

나를 감금하고

이 절망 넘어가기 위해 꽃들도 얼굴을 가려야 한다

복숭아를 깨물며

저 뺨들이 나를 건드린 것이다

첫 몸의 향기가 그렇게
들고나는

끝 간 데 없이 발랄한 뺨이 있던 시절은
벌목처럼 굴러온다

꼭 맞는 이 맛

문득 저들의 꽃이었던 시대를 생각하면
모퉁이가 있고
꽁꽁 봉인해둔 철없던, 내 이력을 꺼내지 않고는
이 맛을 넘어갈 수가 없다

궁핍했던 날들의 서리, 우리는 키득거리며
즐기다 죽을 뻔한 일도 있어

거울처럼 다 드러나는 행위들이 부자처럼 많아서

봉숭아를 만지면
실실 웃음이 나와
이 뺨에 절을 하고 싶다
질기고 질긴
섬유질 같은 거

3부

어디서 매화가 오시는지

흙이 터지자 개울은 산을 내려간다
물이 닿을 수 있는 곳에는
모두 봄이라 옮겨 쓰고
바람의 입술은 푸르다 하자
누가 그리운 날들을 말하지
않고 매화를 만나랴
우리들 봄날은 아름답고 푸르다
그리운 것은 그리운 대로 스무 살에 두자
저녁은 조용하고 개울은 멀리서 운다
내가 저 흰 빛을 모르듯 그도 나를 모른 채 오는 것이다
우리들의 봄날은 설레이다 끝이 난다
아프면 아픈 대로
소리 없이 타도록 그냥
두자

국수

가락이 투둑, 함부로 퍼진 그 한 그릇 먹자고
난전에 또 앉았다
등허리마다 심심한 정이 그러니까
고만고만한 할머니들이
오일장 복판에서
사투리를 찰지게 하면서 후루룩
국수를 먹는데
손가락으로 김치를 집어 먹는 모습 또한 찰지다
가래떡 서너 개 든 봉지를 불쑥
들이밀며 아나, 이거 뜨실 때 묵어라
떡가래가 국수처럼 이맘 저 맘 잡고 쭉 늘어져
표정이 한 쌍이다

지금은 받을 수 없으니

서너 군데 전화를 건다
언 입술들뿐이다
수요일 오후가
도무지 건너가지 못하고 맺혀
해가 제 시간을 지나쳐 길어지고 있다
철쭉이 잔돌처럼
새끼들 여럿이 몰고 베란다에서 뒹군다
해가 수런거리고
또 다른 곳으로 전화를 건다
말이 사용 불가다
철쭉이 낳은 새끼들을 데리고
그라는 나쁜 감정과
너라는 더 나쁜 감정이
섞여서
말놀이를 한다

칸의 후예들

몽골에서 짐승을 잡으면 금기하는 게 많다고 한다
김이 안개처럼 뿜어져 나오는 심장 부근까지

사내는 경건하게 긁으며
몸을 숙인다
곡비는 저 풀들이 우는 것으로, 모두 한 방향으로 눕는다

영혼 곳곳을 오래 주물럭거리는 저 피붙이
말도, 가족이었다는 증거는

수두룩 슬프다

궁벽의 쓸쓸함이 번져나가는지

뭇별들이 죽은 말의 눈망울처럼 껌뻑거리는

밤은
몽골다워서
별은 또 흰 눈자위 까딱거리며 피고 있다

잿빛과 잿빛 사이

비둘기 한 쌍이 알을 낳은
베란다 송풍기
생각해 보니
말할 수 없는 복잡함이
어린아이를 밀어낸 사람의 뉴스가 생각난 것도
비둘기 눈알이
상공을 선회하는 것도
부화시켜야 할지
쫓아야 할지
건너편 송풍기 위, 그물이 쳐져 있는 이유를
알 것 같다지만
온갖 궁리를 다 해도
방법, 없다
눈알을 데룩거리며 도무지
비워줄 생각이 없는
지극 앞에
졌다

편두통

지금은 내가 아닐 것이라 오판하며

한 영혼이 건너올 때

진지하지 않은 것들이 없어

납매가 피는데 내 뼈들 전부가

부역해야 하는 일

생애 한 쪽, 느닷없이 분주해지는 하얗고 불안한 것

저들의 복화술을 알아들을 수 없어

걸고넘어지는 돌부리가 많다

그걸 또 받아 적는

삐뚤삐뚤한 오타들

흰색에 대하여

천정을 뺀 나머지 벽은 하얗다
불을 때면 부뚜막까지 그을음이 내려앉던
부엌이, 일 년에 두어 번 새것이다
흰 흙은 아무 데나 나는 게 아니라서
그녀의 친정 뒷산에서, 이고 오는 것인데
백색 흙을 비료부대에 담아 와서는
명절이 다가오면 칠을 하는 거다
수수비 자루를 푹 적셔
척척 바르고 나면 배꽃이 거기서 피는데
그녀의 피로가 그제야
집을 환하게 웃게 했던 거다
나무를 때는 부엌은 겨우 하루 넘기자마자
슬슬 거슬러지는 참 몹쓸 일이지만
주 공간 불우를
달래는 것으로 요일은 지나갔다

눈이 온다, 어디가 땅이고 벽인지 분간 못 하도록
퍼붓는다
검정에 분풀이하듯

그녀는 없고, 눈은 온다
천지간 흰빛들인데
그녀가 없다
저 흰,
누구의 얼굴인지 손인지
내 얼굴 가만히 닿는
차가운 것
어쩌면 저 눈발 전부가 그녀였는지 모르지만

부추꽃 안쪽이 흔들린다

부추꽃이 폈다
직접 키운 거라며 몸체만 싹둑 잘라 보낸 것이
우주를 열었다

냉장고 안에 머리를 박고 아무 말이나
대가리 바짝 쳐든
흰 것

밥을 먹다 말고 통점으로 이어진 뿌리를 생각한다
뿌리가 타전하는 감정이라는 게
저것의 안쪽인지

부추꽃과 함께 전을 부친다
올 손님도 없이

통영이 통영을

남해를 선적한 끝에는

까놓은 섬들이 조개처럼 박혀

살 속 깊이 들으라는 듯, 통영을 토영이라 부른다

옛날에는 그랬다는 토영이 통영이라는 말

저 말이 계란찜처럼 부드러워

연인처럼 껴안아도 되겠다

순례자들의

기항지이자 모항인

통영이 토영을 가만히 데리고

어딘가를 가고 있다

미조항

항구가 액자 속에 엎드렸다
갈매기가 태어나는
물의 모퉁이
먼 섬들이 서랍장처럼 열렸다 닫히는 필사적인

뱃머리는 더 골똘해져 간다

태양을 낚시한 듯
티 나지 않게, 모퉁이를 돌아

너는 모르고, 우리는 더욱 모르는
방파제 앞에서

바람을 쪄내는 하루가
무례하지 않을 만큼 모였다 흩어지고

어디 슬픔이
저만한 색깔로 이는지
〈

나는 흡사 막 돌아온 고깃배 같아서
체한 듯

막막함이
먼 데서 오는 숙제만 같다

장사도

사람의 마디마디를 두절한
이런 통증 처음이다
고흐는 별을 쥐불놀이처럼 돌렸겠지만
섬은 동백을 돌렸겠다
없는
얼굴들이
하나하나 녹아내릴 때까지
당신도
동백이 짚어주는 지문들로 까마득 홀로다
바람이 내달리자
희한하게 풍금 소리가 난다
여기서만 울리는
이리 상세한 야상곡이라니
섬이 섬을 연주하는,
내한 공연처럼
동백은 절벽 아래로 다 모였다

공복

마을과 마을 사이를 격의 없이 왔구나

한 사람 이미지가
적거(謫居)처럼

말할 수 없이 깊어, 어디서든 표가 난다

너라는 기록을 읽는

천년 후

다시 돌아오는

그 순한 것에 가급적 미안하지 않아야겠다

숲이 집으로 돌아간 지금

저녁은

빠져나온다

팔공산

천 길이면 어떻고
만 길이면 어떠랴 마음을 걸어놓고 내려가는 길

총총한 건 뭇별이 아니라 목숨이더라
산 하나를 녹인다는

그런 애간장 말고

생이 앙코르였으면 좋겠다
산과 산이 칼금으로 누워 이 강산 넘어갈 때
쉼표처럼 남겨둔
저 바위
깃들어보면

얼마나 기막힌 품인지
실로 바위에 든 사람을 기호처럼 적은 곳도 있다

나는 발자국을 더듬는다
전생에 내려왔던 그 발자국을 찾아

모시나비

걸음걸이로 봐서 여든은 되어 보이는

모시 한복 차림인 그녀는 물빛 치맛자락이 끌릴세라 허리춤에

꼭 끼워 넣은 모습이 선선하다

여름 끝물이라지만 더위를 가로지르는

누구를 만나러 가거나 만나고 오거나

눌러쓴 무명 모자가 그녀만의 패션인 것처럼

모시 적삼이 하늘 아래 첫물인 것처럼

나비 같다는 생각이

4부

뱅밀리아 사원[*]

올이 깨끗한 새들은 미리 아침을 물어다 놓는다
이승의 검색대를 빠져나간 당신
사원 안에 있다

앙코르와트 사원들 중 하나인
뱅밀리아, 뱅은 나무이고 밀리아는 연꽃이란다
무너져 내린 사원의 돌들을 나무들은 움켜쥐고 땅속으로 가고 있는
찬란한 사원이 속절없이 져버리는

비밀스럽고 어딘가 무섭이 끼치는 저 사원의 전생이
죽어서도 아름다워

자잘하게 쪼개어진 사원을 움켜쥔 뿌리들의 무표정
원대하게 왔다가
성대하게 무너져 내리는 뱅밀리아

이토록
〈

잠시 잠깐 신에게로 가는 무성한 나여

* 뱅밀리언, 앙코르와트에 있는 사원

보리우체국

그때를 보리뿐이라 쓴다

여러 장면 중, 소풍날이 부레처럼 떠올라

보리 필 때라, 쓴다

형산강 둔치 부조쯤에 앉아

바쁜 엄마가 둘둘 말아 싸줬던 나물뿐인

김밥이 천혜식량처럼 환한 그때를

보리가 와장창 피어

수염이 위협하던 때라고 썼다

천지간 보리가 많아 입안을 굴러다니던

몹쓸 식량이지만

〈
지금은 어디에도 잘 보이지 않는 그리운

그대를 쓴다고

썼다

천수만에서 일박

아무도 서해를 발설하지 않으면서 바다는 이야기한다
뭍으로 오르는 달은
발이 없다고

이 염전
달이 달을 굽는 시간
얼굴로부터 멀리 있는 덧니 같은 것

먼 데 당신이 돌아눕는 소리

천수만 한쪽이
조용히 들썩이는 밤 달이 짓누르는 무게는 깜깜하다

발이 없는 달을 생각하다
고물처럼
온몸 묻은 냄새 또한
잘 자라는 천수만이 어떤 예불 같기만 하다

벚꽃니

왼쪽 사랑니 두 개를 뽑았다
가끔 나를 식물처럼 흔들던 것
어떤 타전을 알아내기보다는 절망이었으므로
아래위, 지독한 넝쿨을 치던
말이나 들어볼걸
벌벌 떠는 잠시 잠깐
단 몇 분 만에 뽑혀버린 나의 지하자원
어떤 말도 못 했다
솜을 문 뺨을, 어쩌지 못하고 걷는다
온통 벚꽃 휘날려
꽃 이파리 두 장, 이별한 자리 심었다
벚꽃이 핀 것처럼
모양도 사이즈도 그렇게 맞을 수가 없다

감포, 늘 그랬습니다

물횟집은 좀 복작거렸습니다
밑반찬으로 나온 물가자미 조림 때문에
입안이 한소끔 끓어

먹을 줄 아는 이는 찢어 먹는 맛을 기억했겠죠
사실 횟집은 거기 시장이 거느린 집입니다

실처럼 가늘게 채 친 생물 광어에 고명으로 실처럼 채 친
오이를 듬뿍 얹어 비벼 먹는 맛이
씹을 게 없더라구요

물론 오이만 들어간 상큼한 맛도 그렇지만
맛, 그것에 이끌려가는

시장 마당 삭힌 콩잎이 노란 배를 하고 누웠습니다
이것도 젓갈에다 살살 양념해 놓으면
경상도 맛의 진원지가 됩니다
〈

찾아서 먹게 되는 입맛의 전범
멸치 한 포대, 돌미역까지
낮 내내 바다가 내어준 것을 찾아내는 동안

바다는 우리를 만지작거리며
윤이 슬었겠지요
아무래도 예전만 하겠습니까마는

위문과 위로의 통로

겨울 통배추 밑동이 줄을 맞추어 엎드렸다
망치와 칼 없이도 눈발은
알을 슬고, 새끼를 치고

무차별 속에서도
저들은 꼼짝 않는다
눈발이
추풍령 넘는다

포탄이 터진 밤은 은하수뿐이라고 어릴 적 위문편지를
뜬금없이 기억하는
산천마다 포탄이 터진 듯 하얗게 날리는 폭설

계란 껍데기처럼 한 컷씩까지는
몇 장의 추억이
사과 맛이나

너인지
나인지 곰삭혀진 것들에 오래 붙들렸다

〈
컴컴한 구만리가
저장고처럼 자꾸 무언가 빠져나온다

해당화라서

하필 걸어가다 만났습니다

짐승처럼 거친 돌밭에서 말입니다

얼굴뿐이었습니다만

무엇에 쏘인 듯 부은 모습이

허기져 보입니다

바람을 쓰는 건 살기 위함이겠지요

어쩌다

파란만장의 붉은색 치레입니다

북촌리 비문

액자 속 아비가 아이를 잡고 돌담에 섰다
마을사진관에서였는지

층층이 떠밀고
들어오는 동백꽃도 거기서 흑백이다

북촌의 방언처럼

가슴을 후비는

저 주인 없는 혀들

한 컷씩 채록하는 말귀도 흑백이다

매년 기일처럼 찾아오시는 잠시 잠깐

북촌리, 슬픈 티가 난다

부다페스트

사람의 검색대를 빠져나온 혼잣말의 진동이 거리를
메우는 저녁

도나우를 배경으로
노숙자와 비둘기의 놀이가 자연스러운 뒤로

거리의 카페에서는
다음의 행선지가 생각나지 않아
마냥 앉았었다

어부의 요새를 틀어쥔
불빛이
유람선을 끌고 멀리 참 가볍게 간다

이토록
동조할 게 많다니
발바닥이 닳아질 때까지

불면을 앓는

당신은 부다와 페스트를 어지르고 있다

일몰

저것은 꽃들의 섬이다

꽃은 꽃끼리 섬은 섬끼리 그렇게 상관을 잇대고 있는 거다

느릿느릿 뭉쳐지는

전부가 불우에 빠질수록

섬이 점점 자라는 것은

당신을 지상에 두고 왔기 때문이다

백중일百中日

  달을 건너간 피붙이가 건너오는 것이다
  오래전 어머니가 말해주던 홍역 앓다 떠난 그런 피붙이도
  있지만, 이승에 남은 얼굴 하나 보러,
  어쩌면 피붙이들을 앞세우고 어머니는 건너오는 것이다
  칠월 보름날 더위도 오는 것이다
  법당에 흰 꽃을 올리고 엎드려 봐도 속 시원하지 않고
  밥알 같은 벚꽃도 지고, 하얗던 아카시아꽃도 지고
  먼 데 칡꽃이 피는지 서천이 붉어
  말은 못 하겠지만 서로 만질 수는 없는
  일 년 중 눈에 밟히는 이맘때
  실컷 투정 부리다
  그 미움 다 삭고 말았다

대설大雪 목록

  불행을 항복하는 서사가 이 밤 내내 일어나는 건 일도 아니지만
  번뜩이는 저 눈알을 너는 다정이라 한다

  새로운 밀교처럼

  몰랐던 부분을 애써

  관통하는
  내내 펄펄 거리는 저 방대함이 따로 또 같이

  어쩌면 지상의 못된 말을 지우듯

  그리하여

  못된 말 중에 너라는 게 포함되어

  너는 쌓이고
  나는 너로 태어나고 싶다

〈
태산이든 석양이든 마음먹은 곳곳을
마음껏 날아

오지 않은 신神은 이름뿐이지만
가서, 시끄럽게
한바탕 홰치고 싶다

다른 요일, 지나갔다

해넘이 쪽으로 산 것이거나 죽은 것이거나
모두 뻘로 돌아와 엎드렸다

생의 현관을 열어둔
누군가는 노을을 중계하고

우리가 여장을 놓는 건, 몸이 헐어서가 아니라

이쪽에서 이쪽으로 담담히 바라보다
그럴 수 없이, 보다

너라는 광기를 읽는 밤은 거짓말처럼 잠이 온다
잠은 따갑기만 해서
어느 전생이 열리는 건지도 몰라

뻘을 베고 누웠다
다른 요일, 지나가고 있다

포구 나무 아래서

나무를 타던 시절은
이 나무를 열어야 볼 수 있습니다
여름 해종일 재잘거렸던
어디까지나 저 너머
보이지 않을 때의 일이었지만
나무 밖을 나갔던 아이들, 몇몇은 죽었고
몇몇은 모릅니다
나무가 피붙이인 듯 그 자리를 지키고 있지만
이렇게 마주 껴안을 때
등을 두드려주는 나뭇잎이 있어서 혼자는 아닙니다
저 위 우듬지 위로 새둥치 하나가
걸려 있습니다
새끼들도 다 나가고 없는, 빈 둥지를
붙들고 있는
참 쓸쓸한 헌 나무들입니다
바람 소리만은 예전 같아서 그 시간을
서서 견딥니다

■□ 해설

장소성(場所性)과 반어적 시간

박수빈(시인·문학평론가)

 일상은 반복되기 마련이고 그러다 보면 지친다. 이럴 때 여행이 활력이 된다. 여행지에서는 그동안 살던 환경과 일상을 돌아보게 된다. 그래서 여행은 자신과 만나는 하나의 방법으로 성찰의 계기가 되며 글쓰기와 비슷한 점이 있다. 또 여행과 글쓰기는 익숙했던 것들로부터 새롭게 바라보는 면에서 공유한다.
 정하해 시인이 다섯 번째 발간한 『다른 요일, 지나갔다』에는 여행지의 감회가 많고 장소성이 두드러진다. 시편에서 장소는 단순히 지리적인 위치가 아니라 경험과 의식을 반영하며 개체성을 획득하고 있다. 장소와 연관되어 유적, 사건, 수련, 음식 등으로 다양하게 나타난다. 장소에 정서가 결합하여 친밀한 장소로 인식하는 장소애(場所愛)가 되기도 하고, 반대로 그런 장소를 회상하는 장소 상실이 되기도 한다. 이때 모두 존재 가치가 깃든 사유의 근원이 되는 점에서 의미깊다.

장소는 정하해의 시에서 살아온 날들과 교직하며 자의식이 되기에 주목해 볼 필요가 있다. 장소에 대한 인식이나 받아들이는 감각 양상이 시적 표상 체계를 구축하는 동인으로 작용하여 육안 너머를 보는 힘이 된다. 또한 주체의 심상을 드러내는 면에서 중요하다. 경험, 감정, 기억 등이 이미지화되어 감수성과 사유 방식을 드러내기에 그의 시를 이해하는 데 도움이 된다.

인문지리학자인 이푸 투안은 공간(space)과 장소(place)를 구분하여 다루었다. 인간과 관계 형성이 되지 않은 경우가 공간이라면, 시간을 들여 의미 부여를 하면 장소가 된다. 공간이 장소로 편재되는 과정에 주체화와 영토화가 성립된다. 그래서 생각과 생활이 영위되는 현장을 경험하는 일이 된다. 과거 제국주의자들이 지리학으로 세상을 정복 대상으로 삼았다면, 시인은 심상지리학으로 인간 군상의 우여곡절을 표현하는 곳으로 만든다. 정하해의 시에서도 방문 이전의 장소는 그냥 물리적 공간이고, 성정이

담기며 의미 있는 장소가 된다. 그러므로 기저의식과 정체성이 발현된다. 정하해 시인이 어떻게 장소와 교감하며 구현하는지 살펴보자.

    올이 깨끗한 새들은 미리 아침을 물어다 놓는다
    이승의 검색대를 빠져나간 당신
    사원 안에 있다

    앙코르와트 사원들 중 하나인
    뱅밀리아, 뱅은 나무이고 밀리아는 연꽃이란다
    무너져 내린 사원의 돌들을 나무들은 움켜쥐고 땅속으로 가고 있는
    찬란한 사원이 속절없이 져버리는

    비밀스럽고 어딘가 무섬이 끼치는 저 사원의 전생이
    죽어서도 아름다워

    자잘하게 쪼개어진 사원을 움켜쥔 뿌리들의 무표정
    원대하게 왔다가
    성대하게 무너져 내리는 뱅밀리아

-「뱅밀리아 사원」 부분

앙코르와트 뱅밀리아 사원에 와서 시인은 귀한 시를 얻었다. 역사가 속삭이고 기념물이 이야기를 들려준다. 여기에 사유가 더해지며 관광유적지 이상의 기능을 한다. 출입국 시에 모두가 밟는 절차가 있다. 검색대 통과는 필수다. "이승의 검색대를 빠져나간 당신"이 "사원 안에 있다"에서 여기 이승이 아닌 저승까지 떠올리게 된다. 화자는 부귀영화를 누렸던 시절, 지난 모습을 상기하며 "죽어서도 아름다워"라고 반어적인 표현을 한다. 지금은 사라진 장소 상실에 정서적 아련함이 있다. 전생과 연관 지어 "찬란한 사원이 속절없이"라거나 "원대하게 왔다가/ 성대하게 무너져 내리는"도 모순적 공존이다. 이렇게 시인은 실제 보이는 것과 반대쪽을 겹쳐 연상한다.

 이 시를 읽으면 제행이 무상하다. 세상에 좋은 시절만 있는 것은 아니라 안 좋은 시절도 많다. 만물은 한결같지 않아서 사람의 앞일 역시 모르는 것이다. 이를 허무주의적인 정서로만 받아들일 문제는 아니다. 결국 언젠가는 끝나거나 죽을 수밖에 없는 생이다. 권세, 명예, 젊음조차 영원하지 않으므로 허허로운 것이다.

수수께끼와 같은 생에 어떻게 사는 것이 의미가 있는 삶일까. 인간이 짐승과 달리 구분되는 지점은 사유가 있기 때문이다. 사유에는 질문이 따른다. 해답은 저마다 찾는 것이고 성향이나 가치관마다 다를 것이다. 타고난 기질과 추구하는 바가 다르므로 정답은 없다. 그러기에 방황하는지도 모른다. 인생을 고해(苦海)에 비유하듯이 생로병사 자체가 고통이다. 사람은 이 굴레에서 그 무언가를 찾아 애쓰며 생을 살다 가는 것이며, 죽음은 피할 수 없는 인간의 숙명이다.

　　사람의 검색대를 빠져나온 혼잣말의 진동이 거리를
　　메우는 저녁

　　도나우를 배경으로
　　노숙자와 비둘기의 놀이가 자연스러운 뒤로

　　거리의 카페에서는
　　다음의 행선지가 생각나지 않아
　　마냥 앉았었다
　　〈

어부의 요새를 틀어쥔

불빛이

유람선을 끌고 멀리 참 가볍게 간다

- 「부다페스트」 부분

여행은 이쪽에서 다른 쪽으로 공간 이동이다. 이때 "검색대"는 시적 장치처럼 작용하여 양쪽을 통과하는 의례다. 「뱅밀리아 사원」에 등장하는 "검색대"에 이어 「부다페스트」에서도 "검색대를 빠져나온" 표현에서 공통으로 알 수 있다. 이렇게 "검색대"를 사이에 두고 이쪽과 저쪽이 나뉘는 속성이 있고 이 두 편만이 아니라 다른 시에서도 양가적 관계를 염두에 두는 특징을 보인다. 그래서 강조하는 효과를 보고 있다.

부다페스트는 다뉴브강을 중심으로 서편의 '부다'와 동편의 '페스트'가 합쳐 오늘날의 도시가 형성되었다. 역사적 전통이 남아 있는 '부다'의 사적들과 단조로운 평야 지역인 '페스트'는 "검색대" 역할처럼 양쪽이 대별된다. 두 지역은 전혀 다르다고 해도 좋을 만큼 서로 이색적이다. 이렇게 두드러지게 차이가 나고 다른 특성의 모습을 보며 화자는 "다음의 행선지가 생각나지 않"을 정도로 생각에 잠긴다.

하나로 불리는 지명도 알고 보면 다른 특성을 지닌 주위나 성질 나아가 의식이 합쳐진 점에 주목해본다. "마냥"이라는 부사어는 마음껏 얼마든지 어감처럼 어수선했던 마음을 차분히 이끈다. "불빛이/ 유람선을 끌고 멀리 참 가볍게 간다"에서 "멀리"와 "가볍게"의 대응어 속성처럼 이입되는 화자의 심상을 알 수 있다. 그만큼 연연하지 않고 담담하게 바라보는 심정이다.

이렇게 시인은 장소에 대한 정서적 반응을 시로 표출하며 장소를 통해 살아가는 의미에 대하여 생각에 잠긴다. 장소의식이 시인에게 창작 계기가 되는 동시에 "노숙자와 비둘기의 놀이가 자연스러운 뒤로"라는 구절에서는 살아가는 시대의 그늘진 사회상을 읽어내는 배경으로 작용한다.

정하해의 시편은 상승이 아니라 하강, 시작이 아니라 종착지에서 시적 발상을 많이 얻는다. 「일몰」에서 "저것은 꽃들의 섬이다"라면서 "전부가 불우에 빠질수록// 섬이 점점 자라는 것은// 당신을 지상에 두고 왔기 때문이다"를 예시로 들어볼 수 있겠다. 해 지는 장면은 그야말로 보편적인 상황이다. 이를 섬이 자란다고 하는 것 역시 앞의 시편들처럼 이율배반적 표현이다. 이렇게 그의 시는 일반적으로 이

어질 거라고 여기는 서정의 진술 방식을 뒤집으면서 개성을 얻는다. 이것은 대상을 바라보는 시인의 태도며, 시선이 보편을 따르지 않기 때문이다. 순차적인 시적 세계 혹은 동일 층위를 버리고 낯선 정황을 제시하며 새롭게 한다.

새의 목덜미가
한 울음 쏟아낸 후였거나 사라진 발목을 애도하였거나
야위었습니다

분분 타전하는 모래로 하여 각이 생기는 건
본능은 아니라고

모래가 모래를 허물며

하구(河口)의 최초를 생각합니다
아득해져도
상관은 없겠습니다

새발자국이 삐뚤삐뚤
종종걸음쳤을 그 발가락, 주물러주고 싶은 아침

― 「하구河口」 부분

  인생의 하구에 접어들면 "한 울음 쏟아낸 후였거나 사라진 발목을 애도하였거나" 즉 이렇든 저렇든 살든 "야위었습니다"라는 고백처럼 안쓰러움이 전해온다. "종종걸음쳤을 그 발가락, 주물러주고 싶은" 연민이 되는 것이다. 하구의 시작을 떠올리면 까마득해진다. 물은 속성상 가만히 있으면 고이고 무언가에 부딪치며 흐른다. 가만히 있으면 물살에 아프지는 않을 것이다. 그러나 멈추면 썩게 되니 움직여야 하는 숙명을 타고났다. 물결은 부서지며 하구에 이르도록 파란만장했을 것이다. 여울에 헤쳐 나왔을 물의 내력을 보며 그런 삶의 과정에 의미가 부여되는 시이다. 불안하게 휘둘려 왔기에 상대적으로 평안을 그리는 것인지 이심전심으로 어울림을 지향하고 있다.

  누구에게나 마음이 머무는 장소가 있다. 추억에 젖기도 하고 오늘을 살아가는 다짐이 되기도 한다. 이 시는 지난 시절을 돌아보며 현재를 잘 견디는지 안부를 살핀다. 성찰로 장소가 유기적으로 연결되어 있고 주변과 긴밀하다. 인간은 경험을 축적한 장소에 소속감을 형성하며 살아간다. 요즘 산업화의 발달로 다양한 지방색이나 경관이 없어지기도 하였다. 그렇지만 화자는 예시 장소에서 지역환경과 정서 유대가 자리한다.

"모래로 하여 각이 생기는 건/ 본능은 아니라고"와 "모래가 모래를 허물며"에 독자의 눈길이 머문다. 살다 보니 어쩌다 모래의 각이 생겼지만, 바람을 마주하면서 각이 생긴 모래를 들면 허물어지고 그 모래는 다시 바람과 함께 자신에게 되돌아와 떨어진다. 살아온 날들의 모난 행동이나 갈등도 이와 같지 않을까. 오는 말이 곱지 않다고 가는 행동도 그렇다면 문제해결이 되지 않는다. 미움을 미움으로 대하면 자신에게 돌아온다. 그러니 "모래가 모래를 허물"듯이 내가 나를 내려놓는 생각이 하구에서 얻는 깨달음이다. 행복이란 몸과 마음이 편한 상태이다. 복은 스스로 짓고 받는 것이다. 누구를 원망한다면 마음 시달리는 것이며 복을 까먹는 것이다. 갈등하는 마음을 살펴보면 상대방이 자신의 마음에 들지 않아서 그러는 것이고 자세히 들여다보면 내 위주로 하려는 이기심이다. 무리가 따르니 모래처럼 부서지는 것이다.

해넘이 쪽으로 산 것이거나 죽은 것이거나
모두 뻘로 돌아와 엎드렸다

〈

생의 현관을 열어둔

누군가는 노을을 중계하고

우리가 여장을 놓는 건, 몸이 헐어서가 아니라

이쪽에서 이쪽으로 담담히 바라보다

그럴 수 없이, 보다

너라는 광기를 읽는 밤은 거짓말처럼 잠이 온다

잠은 따갑기만 해서

어느 전생이 열리는 건지도 몰라

뻘을 베고 누웠다

다른 요일, 지나가고 있다
- 「다른 요일, 지나갔다」 전문

 육안으로 거무튀튀하지만 뻘은 여러 해산물이 서식하는 생명의 보고이다. 뻘은 갯바닥이나 늪의 질척한 흙이라서 걷기 불편하다. 뻘에 "돌아와 엎드렸다"거나 "뻘을 베고 누웠다"는 표현으로 화자가 뻘과 함께하는 광경을 알 수 있다. 그런데 "다른 요일"이라는 시간성을 어떻게 읽어야 할까. 뻘과 한몸인 장소성에 같은 날짜여야 몸이 있는 곳에 마음이 머무는 시간이 된다. 하지만 이 시에서 "다른 요일"이라는 시간성으로 인해 몸과 마음이 따로인 상태로 읽힌다. 분리되어서 거북한 관계가 아이러니하게 영위되는 것이다. "너라는 광기를 읽는 밤"과 "잠은 따갑기만" 하다는 표현이 이를 뒷받침한다.

"노을을 중계하고"에서 나이가 지긋해졌을 거라는 생각을 해 본다. 인생의 황혼을 떠올려온다. 굽이굽이 지나온 생의 희로애락을 돌아보면 후회나 실패의 쓴맛도 있지만, 여기까지 애면글면 살아왔다는 것만으로도 애썼다는 생각이 들고 위안이 될 때 있다. 살다 보니 맑은 색의 시절을 거쳐 이리저리 섞여 거무스름해졌다. 그렇지만 검다는 것은 모든 색이 합쳐졌다는 뜻이다. 흡수하다 보니 검게 된 것이므로 부정적으로만 읽지 않아도 되겠다. 겉으로 드러난 모습을 아울러 생의 그림자처럼 어두운 부분을 안고 있다는 관점에서 포용이다. 누구나 어느 한 편 심정적으로 어둠을 거느리고 사는 것 같다. 불안으로 삐걱할 때, 어떤 관계나 일은 도무지 해결점을 찾을 수 없을 때, 뻘처럼 푹푹 빠지는 어둠이 있다. 그래서 어둠이 화자를 지키는지도 모른다.

"산 것이거나 죽은 것이거나" 어둠 없는 밝음이 있을 수 없다. 많은 시간이 흐른 뒤의 감정이 얹히면서 아스라하다. "뻘"의 심정에는 숱한 노고가 따랐을 것이다. 절충하거나 포기하며 울기도 했을 것이다. 그 울음의 힘으로 힘든 날들을 견디고 새날이 온다는 생각도 해 본다. 새날은 그저 오지 않는다. 검은색의 심정으로 받아들이면서 오는 것이다.

정하해 시의 장소들은 정서적 호응을 얻어 새로운 장소로 재구성되고 있다. 「물고기 종족」에서는 사람이 사는 세상을 거대한 어항으로 치환한다. "물에서 뭍으로 환생하는 그 기간이/ 생의 대장정"이라는 대목은 공간 이동에 시간 이동을 더한 상상력이 감지된다. "헤엄을 치지 않아도 환장하게 잘 살아지는/ 지상의 거대한 어항 속에는/ 분노며 슬픔이 생물처럼 자라/ 같이 밥을 먹고 같이 잠을 자"면서 역동적이다. 「돼지국밥집 목련」에서도 "허름한 담을 딛고 올차게 다가오던 당신이라는 무렵"은 공간성이 시간성을 만나 입체적으로 바뀐다.

한 행을 한 연으로 처리한 「기기암 귀룽나무 꽃」에서 "씻어놓은 눈알 같다는 생각도 처음이다"라는 도입부가

신선하다. 오래된 나무를 보면 정령이 깃들고 영험한 느낌이 든다. 기기암의 귀룽나무 흰꽃이 얼마나 장관인지 감탄이 절로 나온다. 그 감동을 시인은 "꽃의 쇄골끼리 부딪치는" 청각에 "이슬이 떨어지는" 시각을 넣어 공감각적으로 표현한다. "꽃의 지문을 곳곳에 새겨 넣은 기기암"은 시의 후반부로 가면 수행처가 된다. "층층한 법문// 휘어진 길이 펴졌다"는 표현에서 알 수 있다.

정서적 호응을 더한 시적 장소에는 그리움이 실리는데 그리운 이는 부재 상태로 묘사된다. 무더위에 자글자글 핀 깨꽃을 보며"한 전망이었던 깨꽃에 걸려/ 없는, 당신과 독대하는/ 시간이 지고 있습니다"(「참깨밭을 지나다」)라고 고백하며 참깨밭을 일구는 노고에 감사한다. 「장사도」에서는 동백이 핀 모습을 "사람의 마디마디를 두절한""통증"으로 인식한다. 여기서도 "없는/ 얼굴들이/ 하나하나 녹아내"린다고 표현한다.

「아버지라는 탑」에서도 "운제산을 보러 갔으나 산은 없고/ 못물만 가득하더라"면서 바라는 대상과 만나지 못하고 어긋나기 일쑤이다. 그러나 막연한 추상이나 노스탤지어로 그치지 않는다. 불안정한 현실적 자아의 분열을 봉합하는 공간이자 상처받은 존재의 수행하는 계기가 되어서 그렇다. 「아버지라는 탑」은 "도대체 부처는 왜 아직 일어서지 못하는지 궁금해졌다"는 질문으로 이어간다. "아버지가 오어사 대웅전을 배경으로/ 사진을 남"긴 사연을 연결한다. 자식이 부모보다 앞서 죽으면 부모는 그 한을 가슴에 묻는다고 한다. 죽어간 자식들을 그리워하며 아버지는 절을 찾았고, 수행처가 되었나 보다. 기도하며 눈물도 많이 닦았을 것 같다.

「경주남산에서 선재동자를 만나」는 광경 역시 깨달음의 환희심이다. 선재동자는 화엄경의 입법계품(入法界品)에 나오는 젊은 구도자다. 깨달음을 얻기 위하여 53명의 선지식을 찾아갔으며, 마지막으로 보현보살을 만나 진리의 세계에 들어갔다고 한다. 정하해 시인도 선지식을 만나러 구도 여행을 떠나는 것이 아닐까. 경주의 남산에는 파불이 된 돌 부처들이 많다. 시인은 안개 자욱한 날에 친견했나 보다. "안개를 입은 경주 남산의 저 부처/ 하나둘/ 입었던 돌을 벗는다"면서 "어떤 사유가 저토록 장면마다 엄정한지" 비경에 놀라워한다.

불교 수행처로 삼는 시는 「천수만에서 일박」에서도 발견할 수 있다. 천수만의 염전을 일컬어 "달이 달을 굽는 시간"이며 "얼굴로부터 멀리 있는 덧니 같은 것"이라든지, "먼

데 당신이 돌아눕는 소리"에 "천수만이 어떤 예불 같"다고 느끼는 장면이 그러하다. 동자승을 그린 「통도사 홍매」에서 "필시 화엄을 찾아다니는 것"이라는 부분을 주목해본다. "영축산에서 온, 눈발은 금강계단 아래서 법회를 하고/ 법문 사이로 동자승" 이미지가 홍매와 겹쳐지며 선연하다. 그런데 여기서 나아가 "쪼그마한 저 몸으로 퍼트리는 아우라가 왕생법문"이 되기에 이른다.

    너를 찾으러 천 리를 오니 눈물이 난다
    영영 그런 날이 오지 않을까 봐

    구척장신인 미륵존불 앞에서
    절 하나에 너를, 절 두 번에 또 너를

    우리가 헤어진 것도 없으니 달리 찾을 방법도 없지만

    법당 앞을 지키는
    꽃무릇들과

    오 층 석탑에 올라서니 해가 기울고 있다

용화세계였다

                           -「금산사」전문

　석가모니가 열반에 든 뒤, 미래에 사바세계에 나타나 중생을 구제한다는 부처가 바로 미륵불이다. 화자는 금산사 미륵불 앞에서 절을 할 때의 감회를 적고 있다. 우리나라에서는 미륵불 신앙이 희망의 신앙으로 수용되어왔다. 56억 7천만 년 후에 나타난다는 숫자 역시 상징적이다. 그때 이 세계는 이상적으로 바뀌어 땅은 깨끗하며 꽃과 향기로 가득하다고 한다. 지혜와 덕이 갖추어져 기쁨으로 가득할 거라고 한다. 미륵불의 세계인 용화세계에 태어나기 위해서는 현실에서 공덕을 쌓아야 한다.

　미륵불 신앙은 중생의 업장과 번뇌를 끊고 자비심을 닦아서 미륵불의 국토에 나도록 하는데 진의가 있다. 후삼국의 궁예가 정치적인 계산으로 미륵불 행세를 한 것은 미륵 신앙에 대한 부정적인 측면이라 하겠다. 또한 금산사는 후백제의 견훤이 그의 장남 신검에 의해 강제로 감금되었던 비운의 장소이기도 하다. 그런 역사적이고 종교적인 장소를 찾은 화자는 감동의 눈물을 흘리며 수련한다. 꽃무릇은 꽃이 피면 잎이 없고 잎이 있을 때 꽃은 저문다. 영영 만

날 수 없는 사이, 메타포로 읽어도 무방하겠다. 헤어진 것도 없으니 달리 찾을 방법도 없"고, "오 층 석탑에 올라서니 해가 기울고 있"지만 용화세계를 그리는 실천행이 진심이다.

이 시는 독자를 미륵불이 도래하는 거대한 시간의 영원성 앞으로 데리고 가서 일상의 안달복달이 얼마나 작고 부질없는 것인지를 생각하게 한다. 덧없는 세상사에 매달리는 어리석은 마음을 돌아보고 무상한 본질에 하심이 되는 가운데 불행으로부터 가벼워질 수 있다는 성숙한 인식이 있다. 이 시를 찬찬히 새겨 읽는 이유다.

그 밖에 곰소만 염전을 보며 쓴 「낙관」에서도 "염부들의 뒷모습은/ 예불을 끝낸 듯 경건하다"라거나 "정선을 돌아 한계령을 지나 수많은 거처를 버리고서야/ 산이 산을 껴입는/ 어쩌면 수행"(「여전한지」)이라는 표현에서 불교적 사유가 가득하다.

「통영이 통영을」을 읽다 보면 "토영이 통영이라는 말"인가 보다. "저 말이 계란찜처럼 부드러워// 연인처럼 껴안아도 되겠다"는 얼마나 촉감이 뛰어난 표현인지. 여행하면서 맛기행이 뛰어나기도 하다. 「감포, 늘 그랬습니다」에서 물횟집 풍경이 실감난다. "물가자미 조림", "생물 광어", "멸치", "돌미역"이 등장하는가 하면, "시장 마당 삭힌 콩잎이 노란 배를 하고 누웠습니다/ 이것도 젓갈에다 살살 양념해 놓으면/ 경상도 맛의 진원지가 됩니다"는 그야말로 입맛 당긴다.

 우리의 생은 이런저런 일들의 부침으로 흔들린다. 맛이란 본능이고 힘들 때 생각나는 음식은 추억으로 떠올라 고단한 날들의 위로가 된다. 어떤 일은 해결점이 미로일 때도 있다. 그런 경우 여행이 충전이자 전환점이 된다. 정하해 시인은 이번 다섯 번째 시집 『다른 요일, 지나갔다』에서 많은 장소를 언급하며 심상 지리에 초점을 맞추고 그 유대가 빛난다.